Mon cahier d'activités

Certaines
sont des
Princesses
Moi je suis une
Magicienne

NÉ POUR
Briller

Une fille
c'est comme un
GARÇON
Mais en meilleure
VERSION

JE SUIS
Trop Géniale
C'est
AGAÇANT

JE SUIS UNE
Fée
La Fée
BÂCHIE

TOUTES
LES FILLES
sont des
FÉES

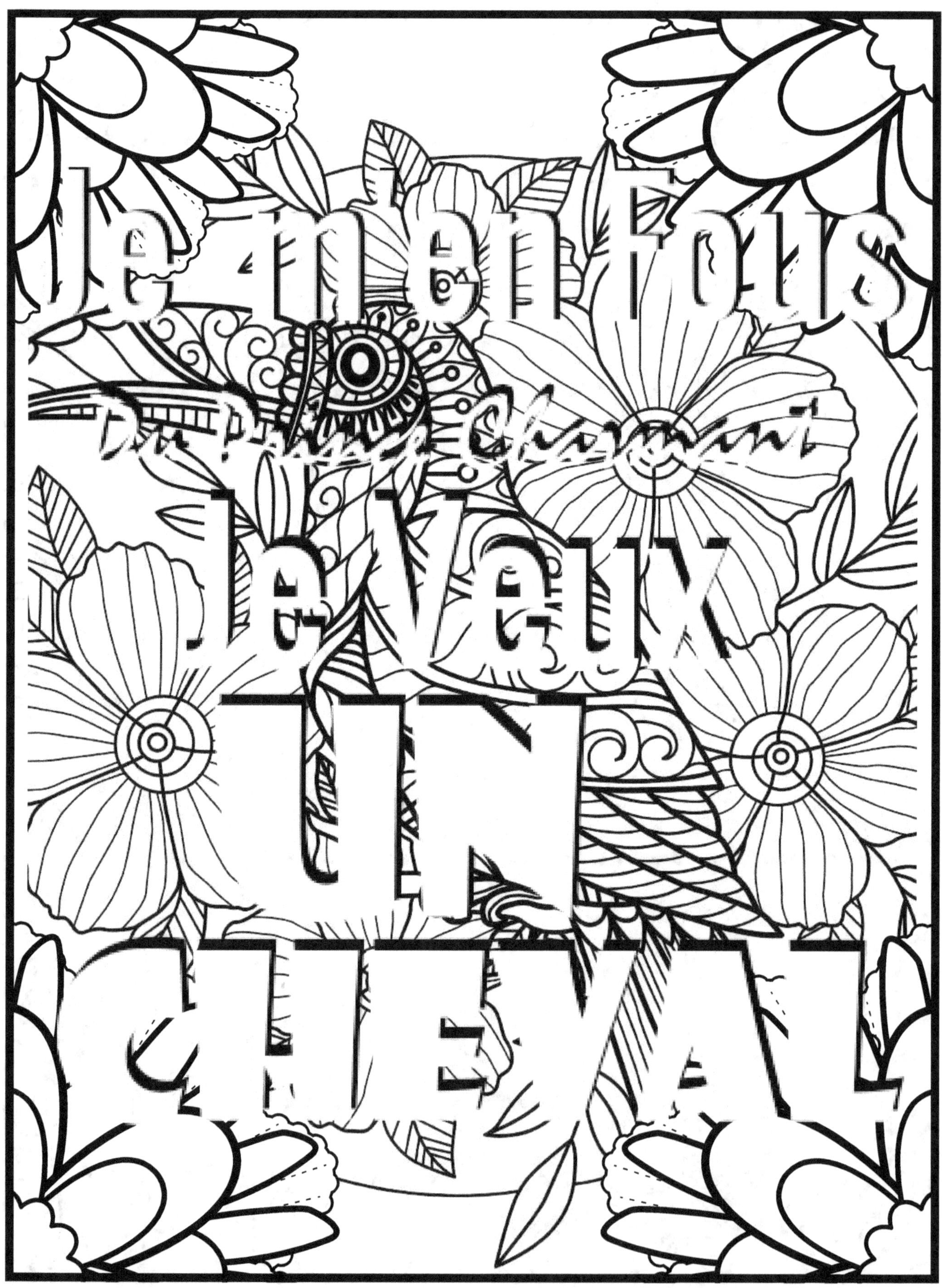

Je m'en fous
Du Prince Charmant
Je veux
UN
CHEVAL

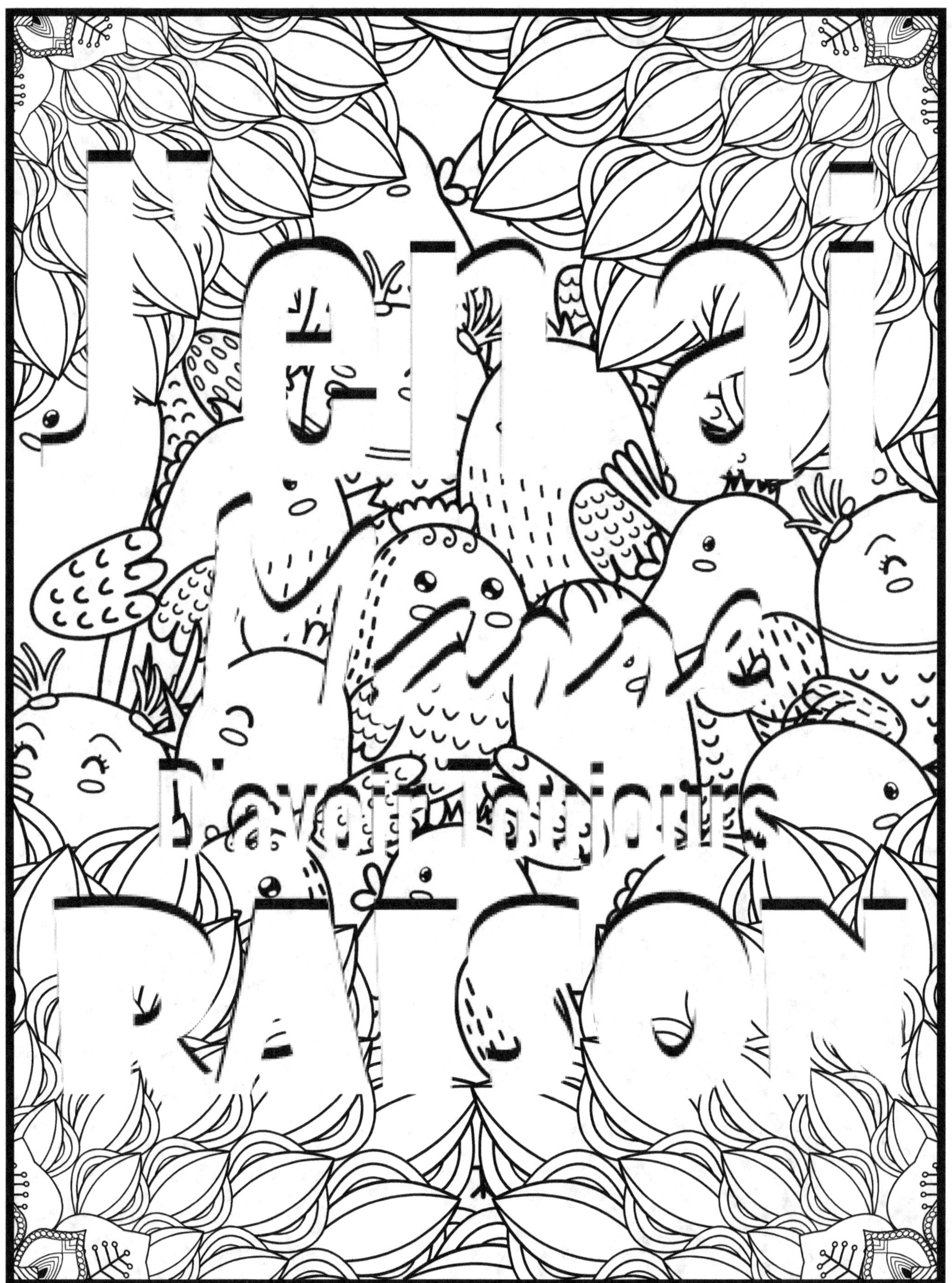

J'EN AI
D'avoir Toujours
RAISON

Boulex
C'est mon
Super
Mouvoir

LES PRINCES
Existent
Au moins les
BISCUITS

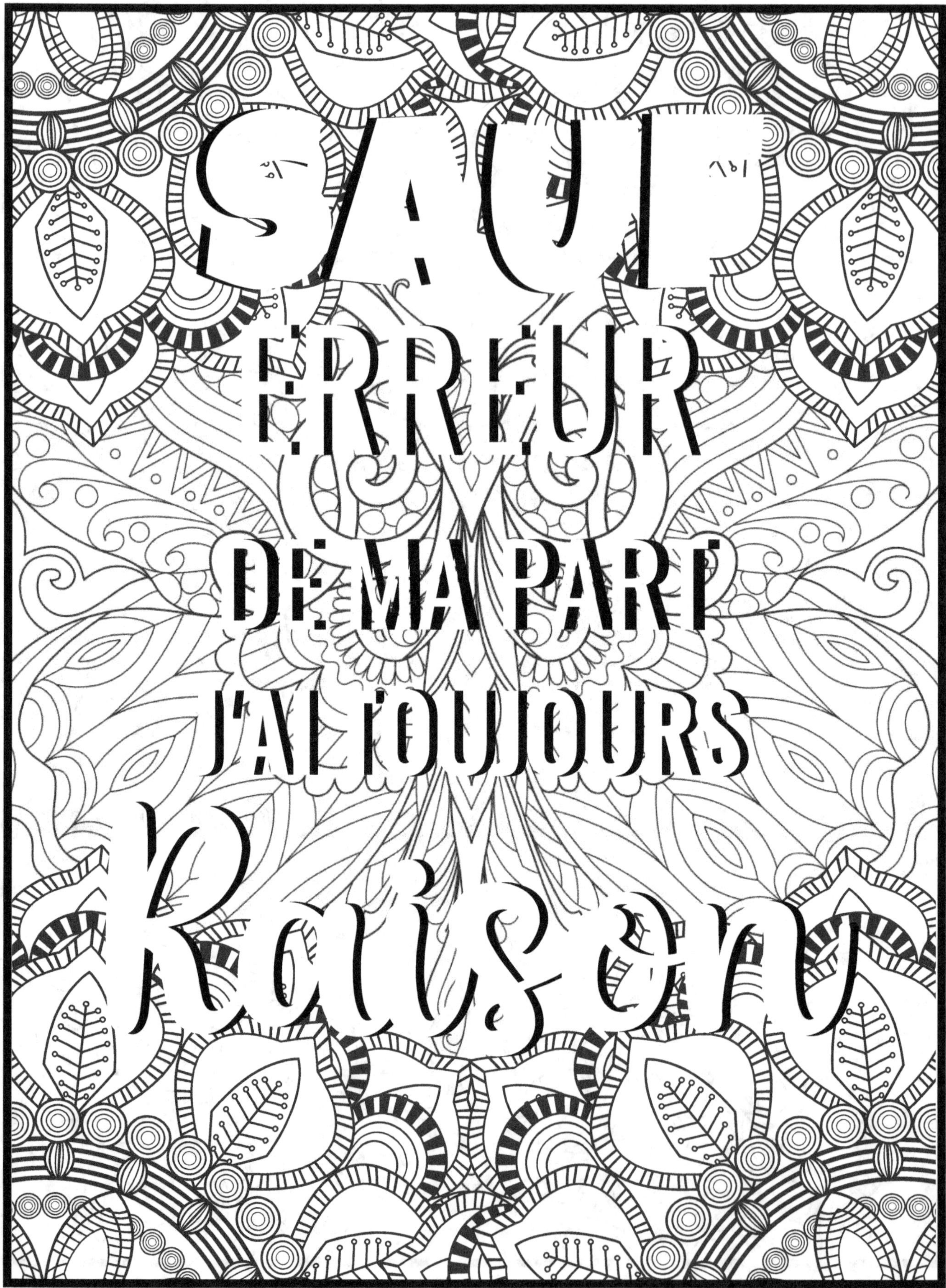

SAUF
ERREUR
DE MA PART
J'AI TOUJOURS
Raison

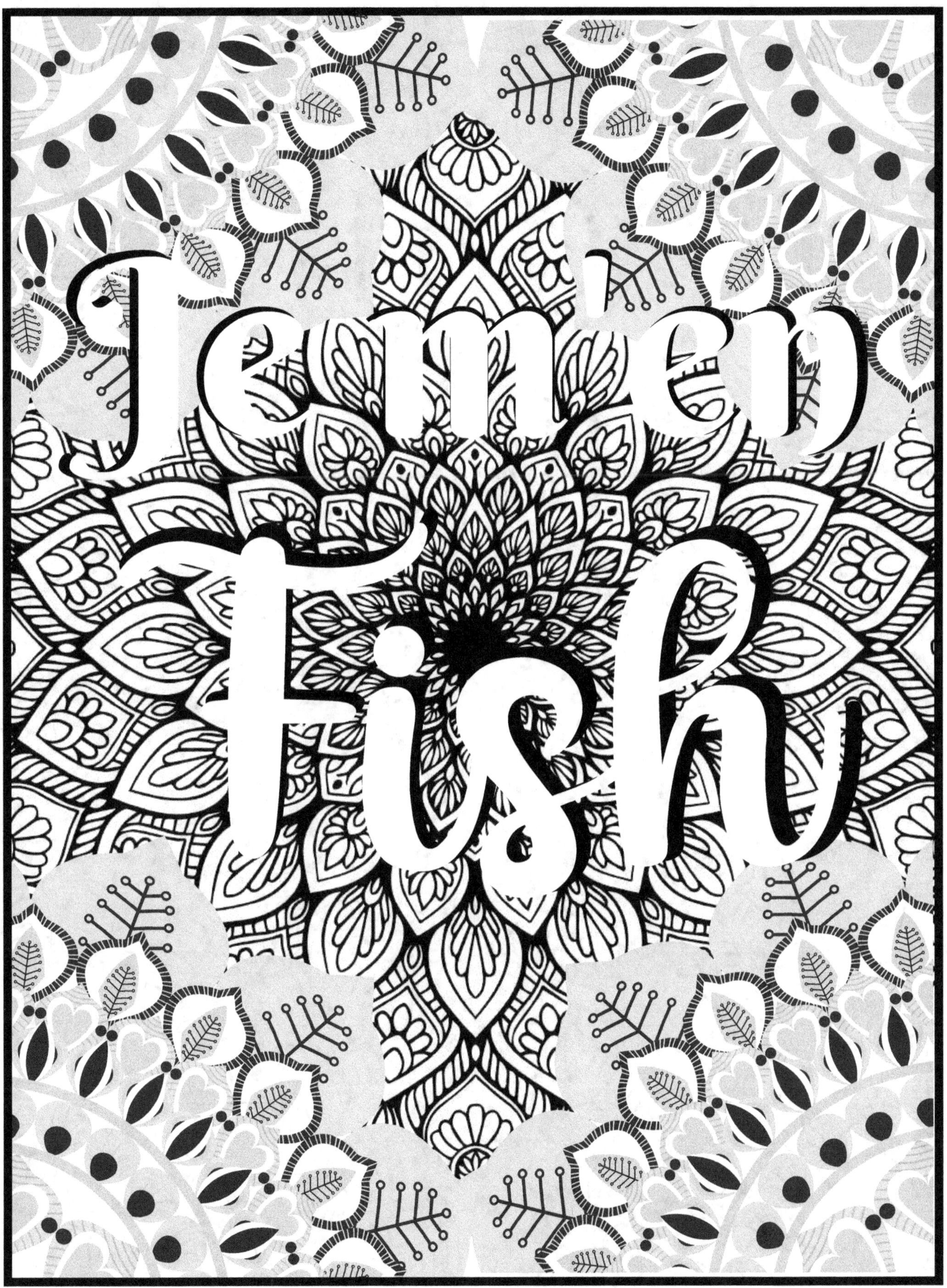

Yemen
Fish

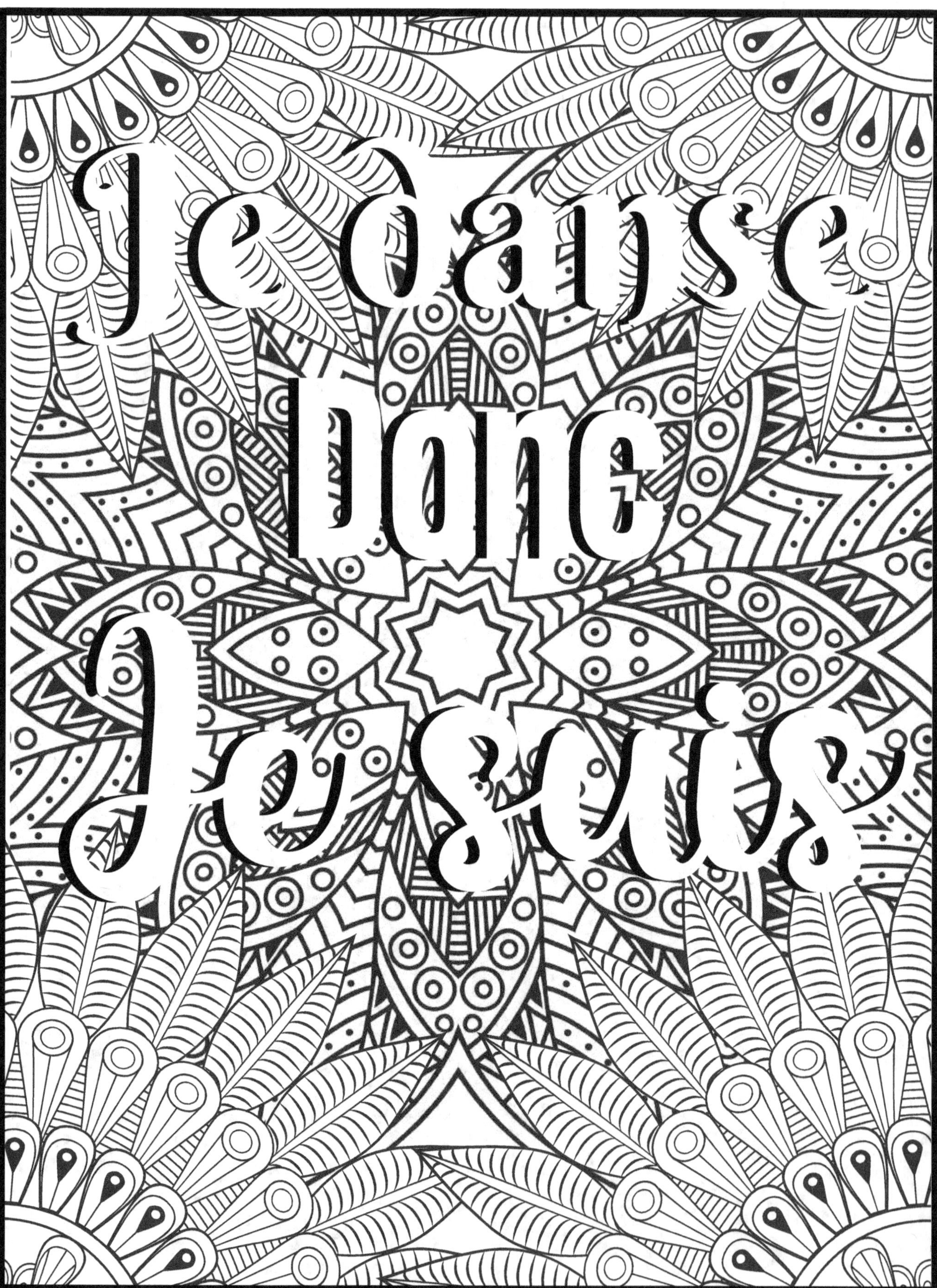
Je danse
Donc
Je suis

Parfois je suis
si géniale
Que j'aimerais
m'avoir en
Amie

Ne me jugez pas
être Géniale
PAS PARFAITE

LA CLEF
Du Bonheur
C'est
MOI

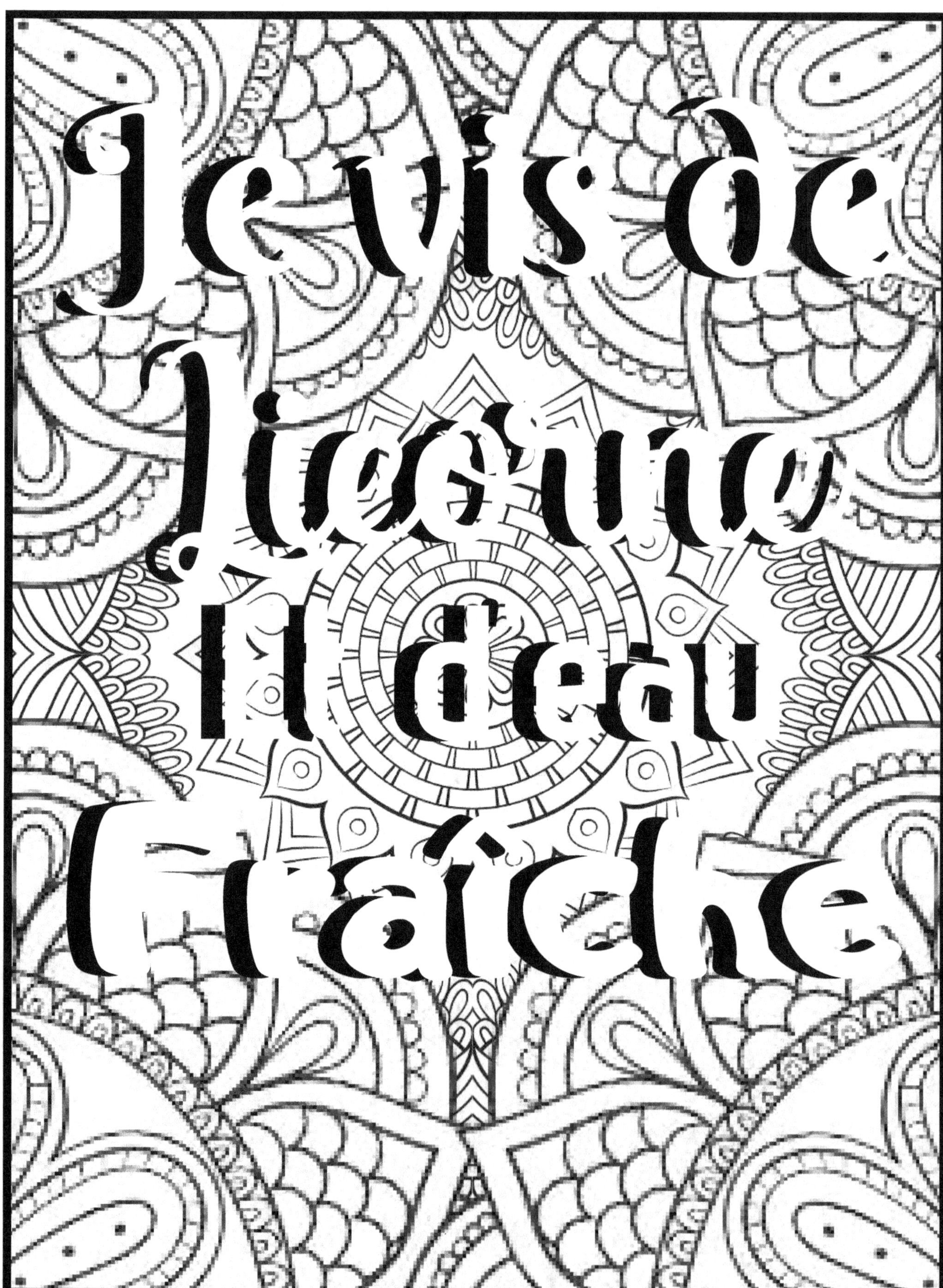

Je vis de
licorne
et d'eau
fraîche

Je ne suis pas
Tout le temps
Boudeuse
Parfois je
dors

Chiante
Boudeuse
Râleuse
Mais
Adorable

Ne
Grandissez pas
C'est une
Arnaque

Je
Ne
Ronfle pas
Je
Ronronne

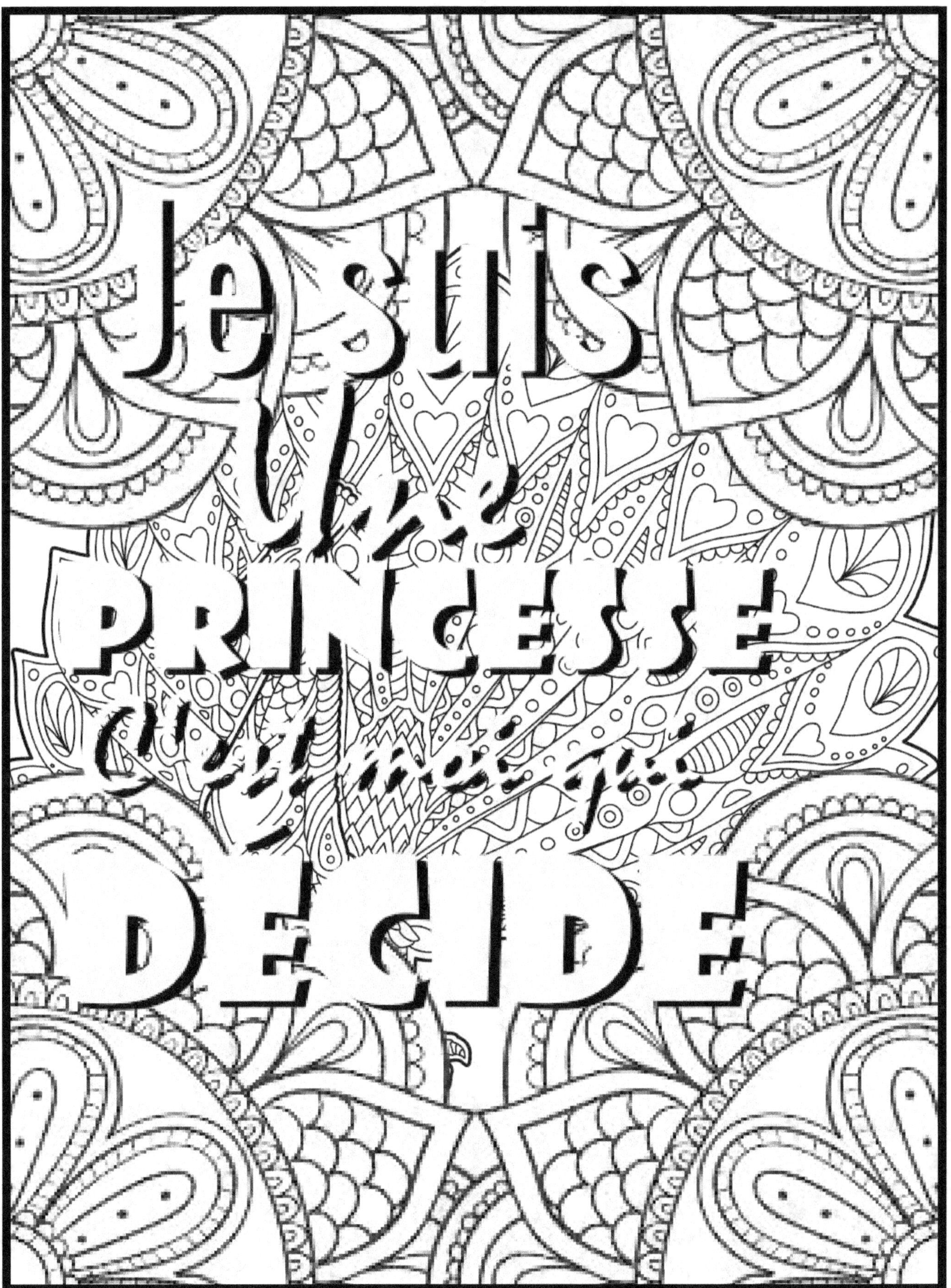

Je suis
une
PRINCESSE
c'est moi qui
DECIDE

Un Jour
Les licornes
Domineront le monde
Mais
Pas
DEMAIN

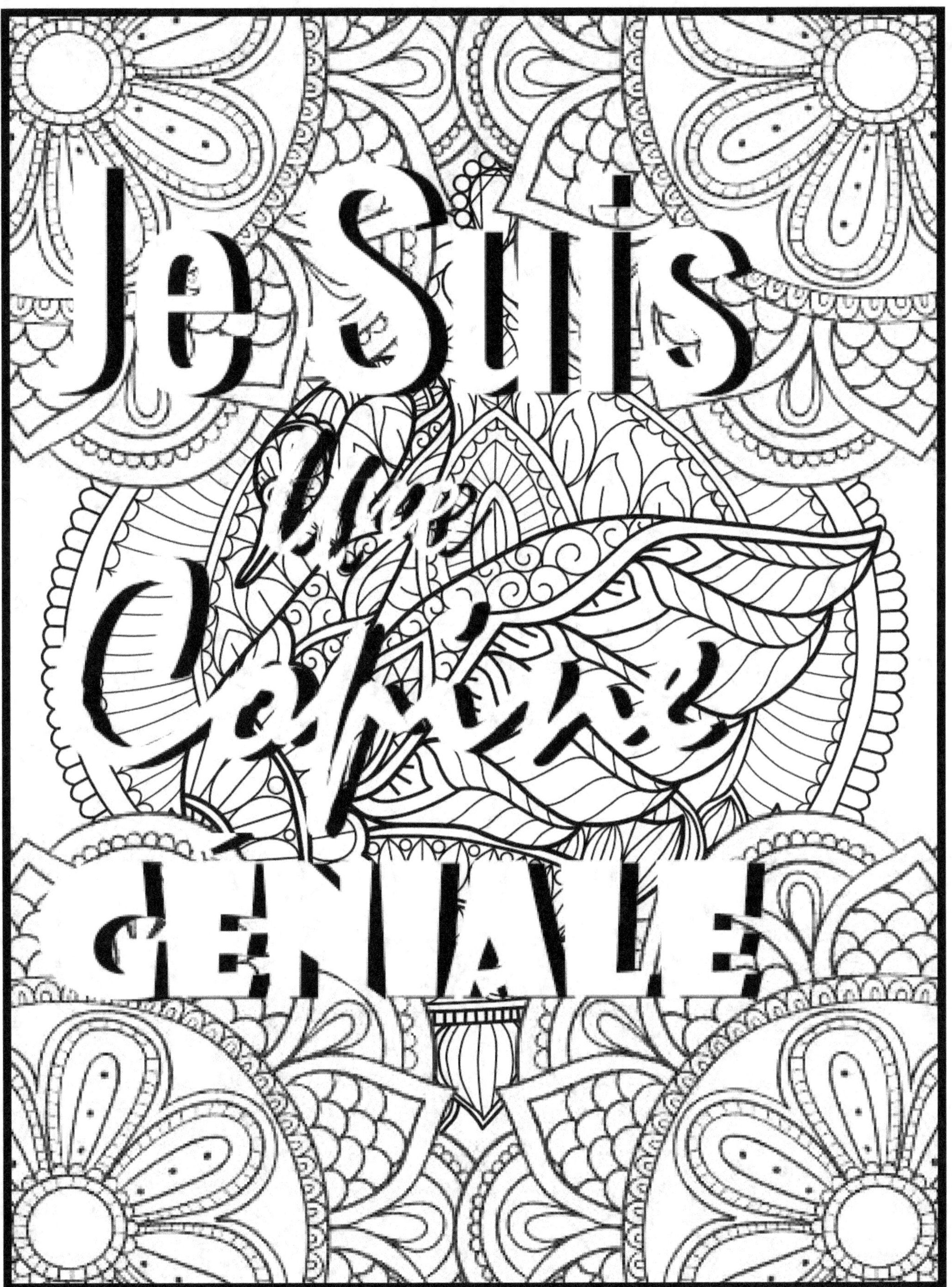

Je Suis
une Qonne
GENIALE!

LE
CHEVAL
DADA

JE
POSE
DES
LAPINS

FOLLE
DE
FOOT

JE NE PEUX
PAS
SIRÈNE

Je suis
PETITE
CHERCHE PAS

JE
SUIS
DESTRUCTIBLE

ANIMAUX #1

```
T E E C M Q L W
E L T G R O I J
U C O N C E È S
Z A K C A Y V X
S O R E N A R D
Q Z W R A N E T
S Y F F R B W S
Z X W I D J K I
```

CANARD   CERF   LIÈVRE
ONCE   RENARD

ANIMAUX #2

MOUTON   **PAON**   **PITON**
TAUREAU   **WOMBAT**

GLOUTON   LYNX   NOCTULE
PÉLICAN   TOUCAN

ANIMAUX #4

CAPUCIN   CHIEN   ESPADON
OUISTITI   PÉCARIS

ANIMAUX #5

BISON   COBAYE   FURET
GERBILLE   PIE

BALEINE   CYGNE   POULE
POULET   TAUPE

ANIMAUX #7

COATI   **GORET**   **HAMSTER**
HYÈNE   **YACK**

ANIMAUX #8

COCHON   ÉLÉPHANT   LAMA
LAMANTIN   LOUP

FRUITS ET LÉGUMES #1

AIRELLE **ANANAS** **CITRON**
COING **TAXO**

FRUITS ET LÉGUMES #2

CERISE   CROSNE   ENDIVE
GRIOTTE   POIREAU

FRUITS ET LÉGUMES #3

BETTE   MAÏS   MERISE
NAVET   POIRE

CRESSON   FENOUIL   KANCON
MARRON   UDO

FRUITS ET LÉGUMES #5

CAROTTE   MELON   MÛRE

POMME   WAKAME

FRUITS ET LÉGUMES #6

CAÏMITE   JACQUE   PEPINO
VANILLE   ZATTE

FRUITS ET LÉGUMES #7

KAKI   QUETSCHE   RADIS
RHUBARBE   SALADE

FRUITS ET LÉGUMES #8

AÇAÏ   BRUGNON   MINEOLA
PITAYA   PRUNEAU

ESQUIF GALÈRE KAYAK
SKATE TRAIN

MOYENS DE TRANSPORT #2

F	Y	Z	K	B	Q	Z	A
V	V	A	P	C	G	L	F
S	I	Q	É	Y	S	C	C
H	K	W	D	M	K	M	H
E	N	N	A	V	I	R	E
V	O	I	L	I	E	R	V
F	M	J	O	L	J	W	A
M	G	Z	P	F	I	M	L

CHEVAL   NAVIRE   PÉDALO
SKI   VOILIER

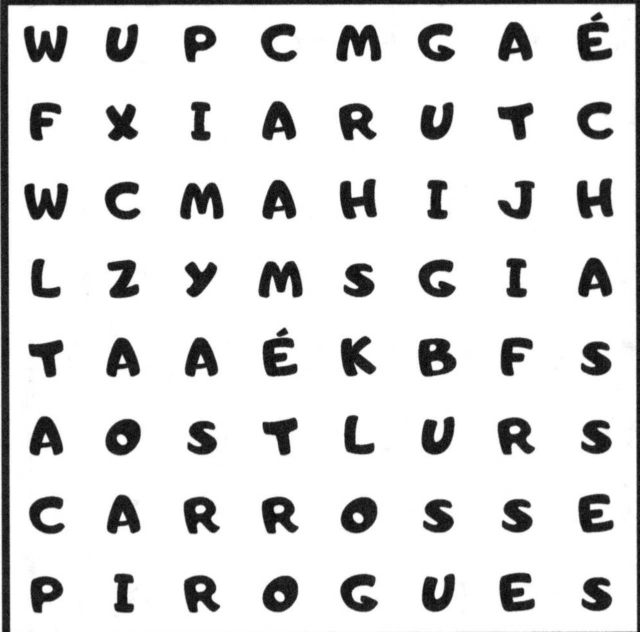

BUS   CARROSSE ÉCHASSES
MÉTRO   PIROGUE

MOYENS DE TRANSPORT #4

AUTOBUS   FIACRE   LIGNEUR
PAQUEBOT   ROLLER

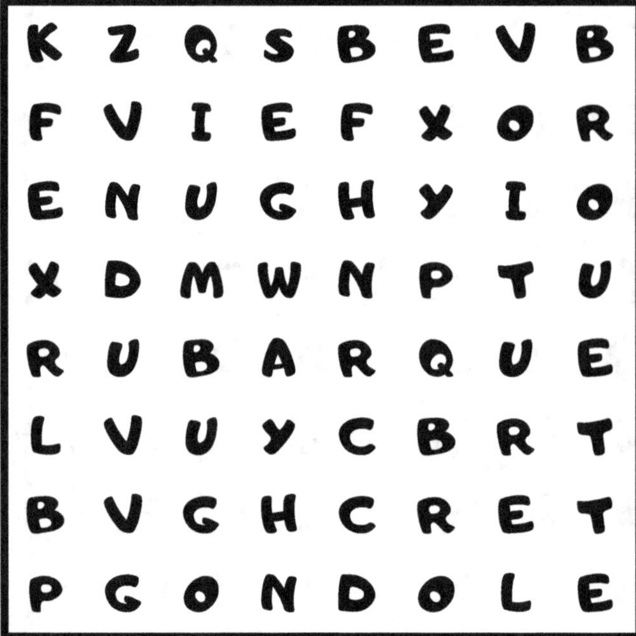

BARQUE **BROUETTE** **GONDOLE**
SEGWAY **VOITURE**

ACCON   AÉRONEF   AUTOCAR
OMNIBUS   TANK

BATEAU   CAMION   ÉLÉPHANT
PÉNICHE   QUAD

AVION　　CANOT　　FUSÉE
PLANEUR　ZEPPELIN

PARTIES DU CORPS HUMAIN #1

ESTOMAC   GLAND   LUETTE

OEIL   TRACHÉE

PARTIES DU CORPS HUMAIN #2

ISCHION NEZ ORTEIL

POUMON SEIN

AORTE   BRAS   JAMBE
MOLLET   POITRINE

PARTIES DU CORPS HUMAIN #4

CIL   ÉTRIER   STERNUM

TARSE   VENTRE

PARTIES DU CORPS HUMAIN #5

DUODÉNUM HUMÉRUS   MENTON
SACRUM   TALON

PIED	RECTUM	REIN
TÉTON	TRAPÈZE	

PARTIES DU CORPS HUMAIN #7

CHEVEUX   **CRÂNE**   **NERF**
ONGLE   **PEAU**

ARTÈRE	CARPE	COU
GORGE	TEMPE	

MONNAIES #1

DENAR   DRAM   KINA
SOM   SOMONI

MONNAIES #2

DONG   KIP   RINGGIT

RUFIYAA   TAKA

BAHT   CEDI   TENGE
YEN   YUAN

MONNAIES #4

AFGHANI   EURO   HRYVNIA
NGULTRUM   SUM

MONNAIES #5

KYAT   PA'ANGA   TALA
TUGRIK   VATU

MONNAIES #6

KUNA   RIEL   SHEKEL

ANGOLA   CAP VERT   MALAISIE
VIERGES   YEMEN

BIRMANIE   BRUNEI   CROATIE
NAURU   NIUE

IRAK   KENYA   LIBAN
SLOVÉNIE   VANUATU

PAYS #4

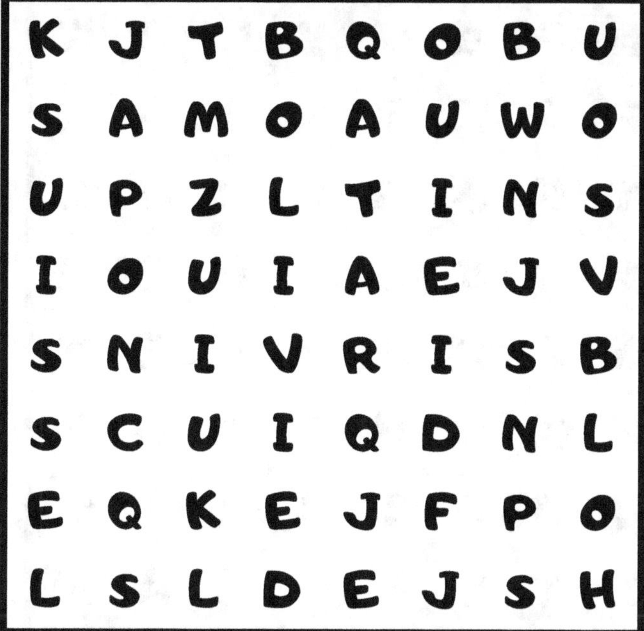

BOLIVIE   **JAPON**   **QATAR**
SAMOA   **SUISSE**

PAYS #5

FRANCE   ISLANDE   JORDANIE
MONACO   PAKISTAN

COOK ESTONIE ETHIOPIE
GUINÉE UKRAINE

BAHRAIN **GUYANE** **MYANMAR**
ROUMANIE **TONGA**

**CHINE GÉORGIE IRLANDE
ITALIE TCHAD**

LES FLEURS #1

BLEUET   **GREBERA**   **LILAS**
PAVOT   **ROSE**

LES FLEURS #2

ANCOLIE   **CHARDON**   **GIROFLÉE**
HYSOPE   **LUNAIRE**

LES FLEURS #3

MAUVE   **MUSCARI**   **ONONIS**
RENOUÉE   **SAUGE**

LES FLEURS #4

DAHLIA   GAILLET   LYS

ORIGAN   PETUNIA

GÉRANIUM **GESSE** **LAMIER**
LISERON **PIVOINE**

LES FLEURS #6

BÉGONIA   GENÊT   JOUBARDE
NENUPHAR   SANVE

LES FLEURS #7

BUGLOSE **KALMIE** **MOURON**
ORCHIDÉE **RÉSÉDA**

LES FLEURS #8

CARLINE   EPILOBE   LOTUS
PHACÉLIE   VIOLETTE

CAPITALES #1

BERLIN **LE CAIRE** **NIAMEY**
OTTAWA **ZAGREB**

CAPITALES #2

APIA   BISSAU   EREVAN
LISBONNE   MANAGUA

CAPITALES #3

BRASILIA **DAKAR** **MALÉ**
PANAMA **VATICAN**

CAPITALES #4

DILI   LIMA   RIGA
VILNIUS   YAOUNDÉ

CAPITALES #5

ASUNCIÓN   BANGUI   LONDRES
MBABANE   TBILISSI

CAPITALES #6

ASMARA   ATHÈNES   HANOÏ
SOFIA   TUNIS

CAPITALES #7

ANKARA   **BAKOU**   **BANGKOK**
RABAT   **TOKYO**

ABUJA   KABOUL   LUSAKA
MINSK   NASSAU

VILLES DE FRANCE #1

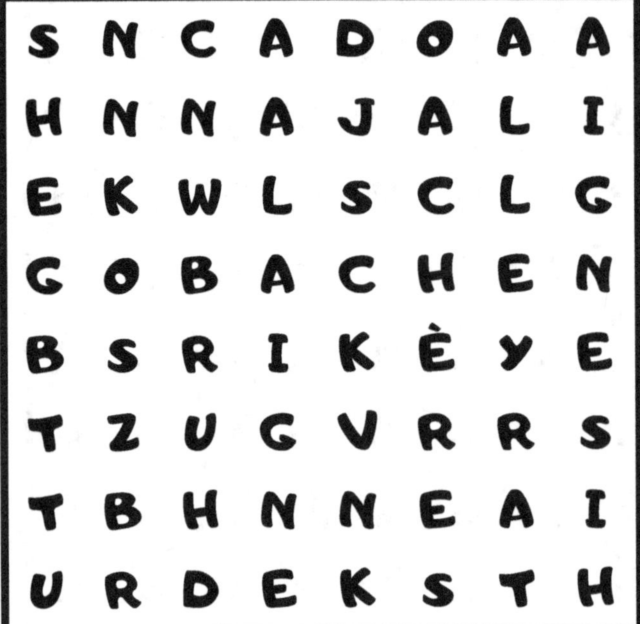

ACHEN   ACHÈRES   AIGNES
ALAIGNE   ALLEYRAT

VILLES DE FRANCE #2

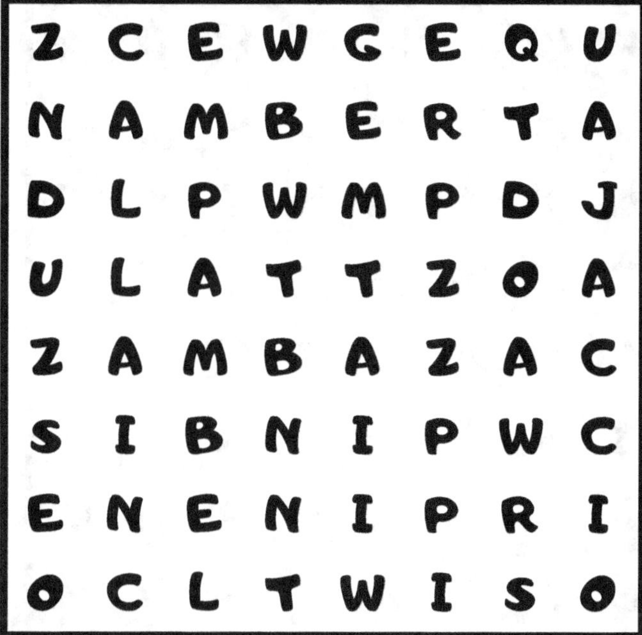

AJACCIO   ALLAIN   AMBAZAC
AMBEL   AMBERT

VILLES DE FRANCE #3

AGMÉ   AGY   ALMAYRAC
ALTKIRCH   AMANCEY

VILLES DE FRANCE #4

AIZELLES   **ALLUY**   **ALRANCE**
ALSTING   **AMÉCOURT**

VILLES DE FRANCE #5

AGONAC   ALAN   ALBON
ALLIER   AMBAX

VILLES DE FRANCE #6

ABLIS   ACCOUS   AHUN
ALGAJOLA ALLAMPS

VILLES DE FRANCE #7

ABOËN   AIREL   ALBI
ALLANCHE ALLÈVES

ABRIÈS   **ACHEY**   **ALBIAC**
ALIZAY   **ALLONNE**

ARBRES #1

ACAJOU   ALBIZIA   BUIS

EPICÉA   ERHETIA

ABELIA   **BAMBOU** **BÉLOMBRA**
CÈDRE   **COMBAVA**

ARBRES #3

ACACIA   **ADENIA**   **AULNE**
BILIMBI   **CEIBA**

AMANDIER   BOULEAU   CACTUS
CHÊNE   EPINETTE

ARBRES #5

ACEROLA   AGAVE   CATALPA

CHARME   ERABLE

BIGNONE **CORMIER** **CYPRÈS**
CYTISE **FEIJOA**

ARBRES #7

AILANTE   **AUBÉPINE BANANIER**
BAOBAB   **DEUTZIA**

ADENIUM **BERBERIS** **BIBACIER**
CAMÉLIA **CERISIER**

MÉTIERS #1

ÂTRIER   BOURREAU   CAVISTE
CLAVISTE   CORDISTE

MÉTIERS #2

ARMATEUR ATSEM CAISSIER
CHAUMIER COACH

MÉTIERS #3

ACTEUR   AGENT   AGRONOME
ARMURIER   ASVP

ACROBATE   AVOCAT   CADREUR
CARISTE   CIRIER

ACHETEUR BRONZIER   BUTLER
CHANTEUR CHARGEUR

MÉTIERS #6

ASSUREUR   BARMAN   BERGER
BRUITEUR   CISELEUR

AVOUÉ   BATELIER   BRODEUR
CAMBISTE COIFFEUR

MÉTIERS #8

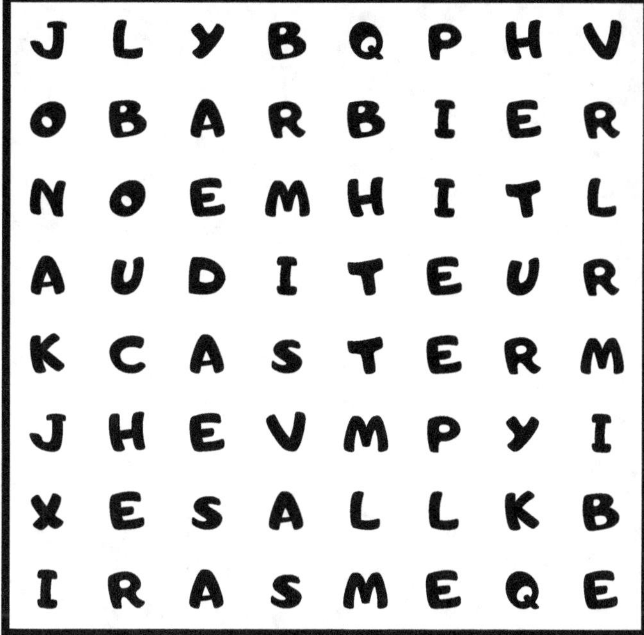

AES   AUDITEUR   BARBIER
BOUCHER   CASTER